Élisabeth Brami • Estelle Billon-Spagnol

LA DECLARACIÓN DE LOS DERECHOS DE LAS MAMÁS

Traducción de Irene Vílchez Sánchez

PETALETRAS

Las mamás, como los papás, tienen:

∾ ARTÍCULO 1 ∾

El derecho a no ser perfectas, a no saberlo todo, a equivocarse, a olvidarse de algo, a hacer tonterías e, incluso, a soltar alguna palabrota. Y a no tener superpoderes.

¡MAMÁ!
¡Eres cinturón
negro de bici!

¡Creo que la rueda
se ha pinchado!

PFfff

∞ **ARTÍCULO 2** ∞

**El derecho a hacer lo mismo que los papás
(aunque no tengan pito ni la voz supergrave):
cambiar ruedas, llevar a sus hijos
a caballito, transportarlos en la bici
(con un carrito portátil incorporado y todo),
llevarlos a judo...**

LLEGADA

¡RÉCORD
DEL
MUNDO
MUNDIAL!

¡Ahora la arreglo y seguimos!, ¿vale?

¡VENGA!
¡VENGAAA!
¡VENGAAAAA!

∽ ARTÍCULO 3 ∽

El derecho a decir lo que sea cuando están nerviosas, preocupadas, enfadadas o agotadas, y también el derecho a arrepentirse después.

∾ ARTÍCULO 4 ∾

**El derecho a llorar, a estar tristes
o de bajón. Y a que las sigan queriendo,
protegiendo y consolando
sin tomarlas por bebés.**

∞ ARTÍCULO 5 ∞

**El derecho a que las dejen tranquilas
mientras leen en el baño (o en cualquier
otro sitio), a que no las molesten
cuando están hablando por teléfono
y a salir a pasear sin nadie
(y no solo para ir al súper).**

~ARTÍCULO 6~

**El derecho a no soportar las tareas
del hogar, incluido ayudar con los deberes.
Tienen solo dos manos,
y el día, solo 24 horas.**

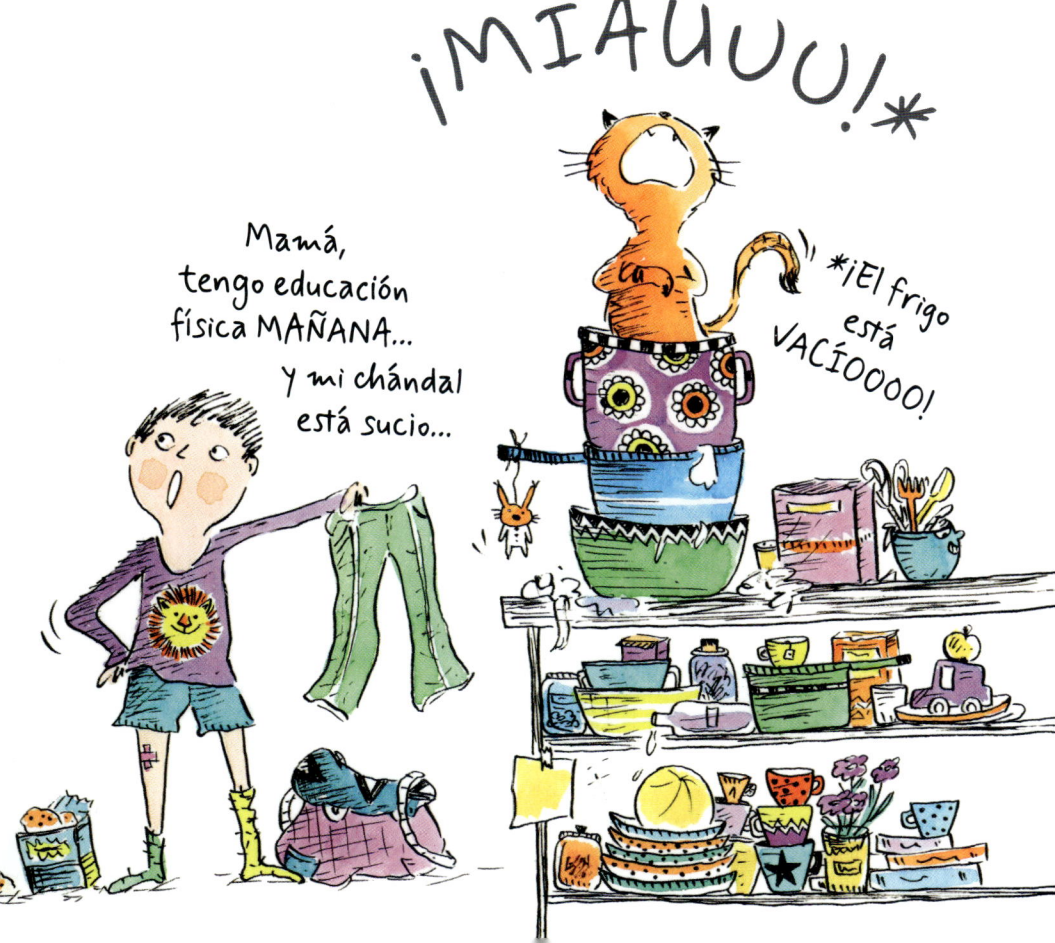

⌒ **ARTÍCULO 7** ⌒

El derecho a refunfuñar y a enfadarse cuando les regalamos tonterías, incluidos los electrodomésticos.

～ ARTÍCULO 9 ～

**El derecho a pasárselo mejor
en el trabajo que marchitándose
entre lavadoras y planchas.
¡Y a que no le guste ocuparse de la casa!**

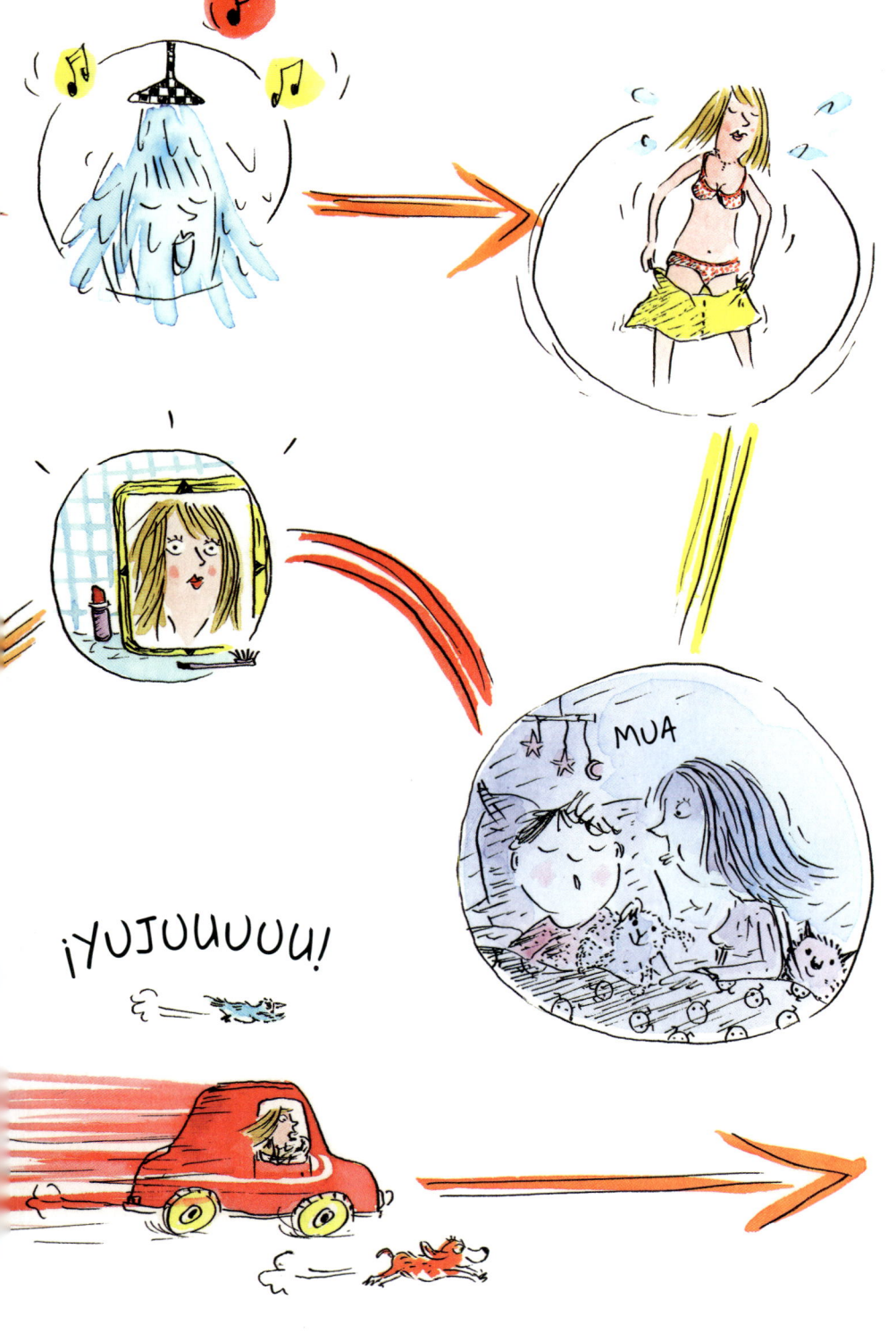

Colegio
¡BUUU!
¿Es su madre o su abu?
¡Mi madre es la MÁS guapa!
¡NOP! ¡ES LA MÍA!

∾ARTÍCULO 10∾

**El derecho a ser un poco mayores,
a no ser las más guapas ni las más *cool*
y a que no las llamen «abuelas».
Y el derecho a maquillarse
sin que las critiquen o les silben.**

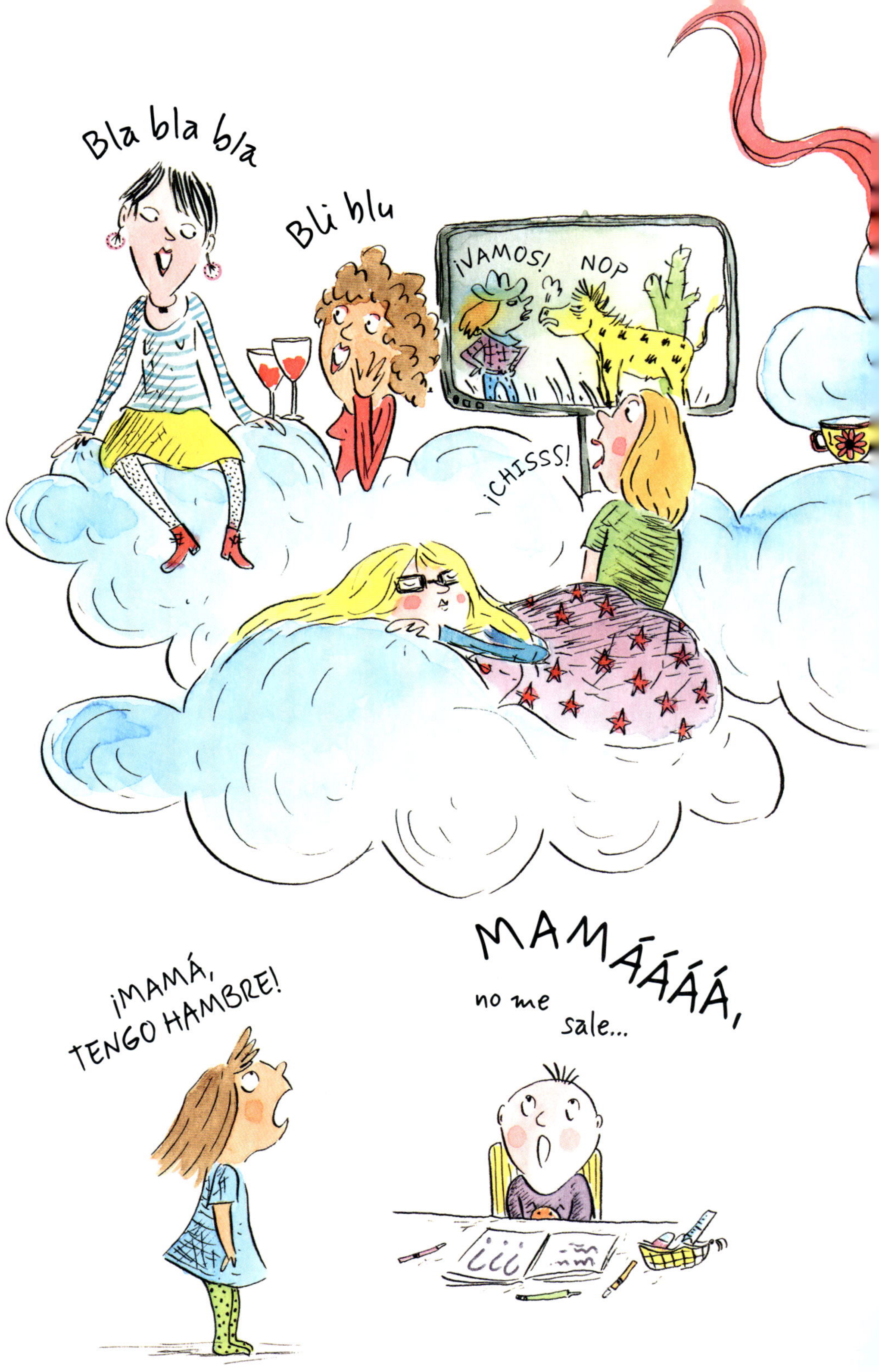

∾ ARTÍCULO 12 ∾

El derecho a cambiar de vida
y de pareja cuando se sientan infelices.
Y, si están divorciadas, a aprovechar
su tiempo sin los niños ¡sin que eso
signifique que se olvidan de ellos!

HABITACIÓN

COCINA

BIENVENIDOS
A NUESTRA CASA

~ ARTÍCULO 13 ~

El derecho a preferir salir con los amigos antes que jugar a las marionetas con su hijo. Y de encontrar más divertido irse a bailar que organizar la fiesta de Navidad del cole.

¡No me esperéis! ¡Voy a salir a dar una vuelta después del trabajo!

Mamá, doña Zasca pregunta a qué hora vuelves.

¡Dile que le daré un besito cuando llegue!

∾ARTÍCULO 14∾

El derecho a ser libres, como todos los seres
humanos, a vivir su vida, ya sean hijas,
hermanas, compañeras, esposas, tías o abuelas.

∾ **ARTÍCULO 15** ∾

**El derecho a vivir sus historias de amor
como quieran y con quien quieran;
y a tener hijos cuando y con quien quieran.**

Para Alma, mami de Tali,

y para Maïa, mami de Alona.

É. Brami

Para Séverine, Amélie, Magali,

Sonia, Myrtille y Véroniko.

E. Billon-Spagnol

La Déclaration des droits des mamans, written by Élisabeth Brami,
illustrated by Estelle Billon-Spagnol © Talents Hauts (France), 2016.
Spanish / Catalan translation rights arranged through Ttipi agency, France

Edición española
© Grupo Anaya, S. A., 2024
Valentín Beato, 21. 28037 Madrid

Dirección del proyecto editorial: Emmanuel Christien
Edición: Carmina Pérez Canet
Asistente editorial: Sonia Fonseca Bautista
Maquetación: Pablo Pozuelo
Producción: Juan Antonio Barras y Natalia Yágüez

© Traducción: Irene Vílchez Sánchez
Corrección: Andrés Munar

ISBN: 978-84-19893-23-9
Depósito legal: M-34697-2023
Impreso en España

PAPEL DE FIBRA
CERTIFICADA